いのち
をまもる仕事

調べてまとめる！

仕事のくふう③

医者　じゅう医　消ぼうかん　など

監修：岡田博元（お茶の水女子大学附属小学校）

調べてまとめる! 仕事のくふう③ もくじ

この本に出てくるキャラクター／この本の使い方 ……… 3

どんな仕事があるかな？ ───────── 4

仕事ファイル01 医者 ──────────── 6

仕事ファイル02 かんごし ───────── 12

仕事ファイル03 じゅう医 ───────── 18

仕事ファイル04 ほいくし ───────── 24

仕事ファイル05 消ぼうかん ──────── 30

仕事ファイル06 けいさつかん ─────── 36

コラム01 新聞みたいな
ほうこくする文章をつくろう！ ……… 42

コラム02 見学するときのマナー ──── 46

さくいん ───────────── 47

みんなと仕事を見学する3人のなかまだよ。

ハルナ
仕事に使う道具や服、せつびなどを知りたいんだって。

ダイチ
お客さんへの心づかいやサービスにきょうみしんしん！

ユウマ
仕事をしている人のワザに注目しているよ。

この本の使い方

この本では、6つの仕事のくふうをしょうかいしているんだ。
みんなが実さいに見学に行ったり、
調べたりするときに、役に立つポイントがたくさんあるよ。

① 仕事の現場へGO！ きみは何に気づくかな？

見学に行った仕事の名前。

ハルナさん、ダイチさん、ユウマさんがそれぞれ知りたいこと。

教えてくれた人やほかのスタッフが、一日の中でどんなことをしているのか、主なれいをしょうかいするよ。

3人が気づいたこと、ふしぎに思ったことだよ。

② 仕事をしている人へ いざしつ問！

知りたいことをもとに、実さいにしつ問をしているよ。

くふうについて、くわしくしょうかいしているよ。

その仕事の中の、ある作業について、それをやりとげるまでの流れだよ。

③ その人ならではのくふうまで聞きだそう！

くふうについてさらにしつ問しているよ。仕事をしている人のこだわりや心がけていることがわかるんだ。

見学したあとの3人の感想だよ。

3

どんな仕事があるかな？

いのちをまもる仕事って何があるかな？「仕事マップ」をつくって考えてみよう。

ステップ
① 思いだしてみよう！

どんな仕事があるかをさがすために、たとえばもしものときのことを思いだしてみよう。

わたしはもしものときに行く所を思いだしてみるよ！

ペットが
けがしちゃったら？

おばあちゃんが
入院しちゃったら？

火事が起きたら
どうしよう？

町でこわい目に
あったら……？

体の調子が悪いとき、
どうする？

ステップ
② 図にしてみよう！

いよいよ「仕事マップ」づくり！「もしものとき」をまん中にして、かかわりのある仕事をどんどん書きだしていくよ。

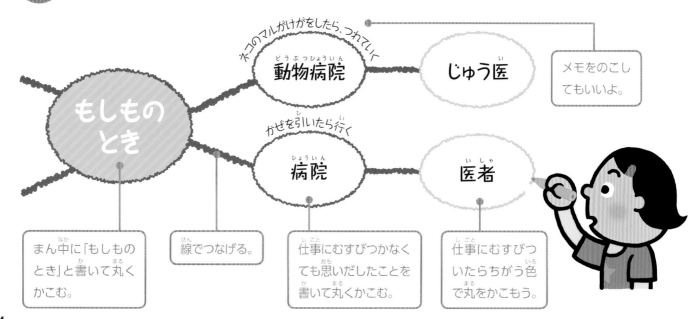

ネコのマルがけがをしたら、つれていく

動物病院 — じゅう医

メモをのこしてもいいよ。

もしものとき

かぜを引いたら行く

病院 — 医者

まん中に「もしものとき」と書いて丸くかこむ。

線でつなげる。

仕事にむすびつかなくても思いだしたことを書いて丸くかこむ。

仕事にむすびついたらちがう色で丸をかこもう。

③ 仕事マップができた！

「もしものとき」を中心に、いろいろな仕事を思いだせたよ！

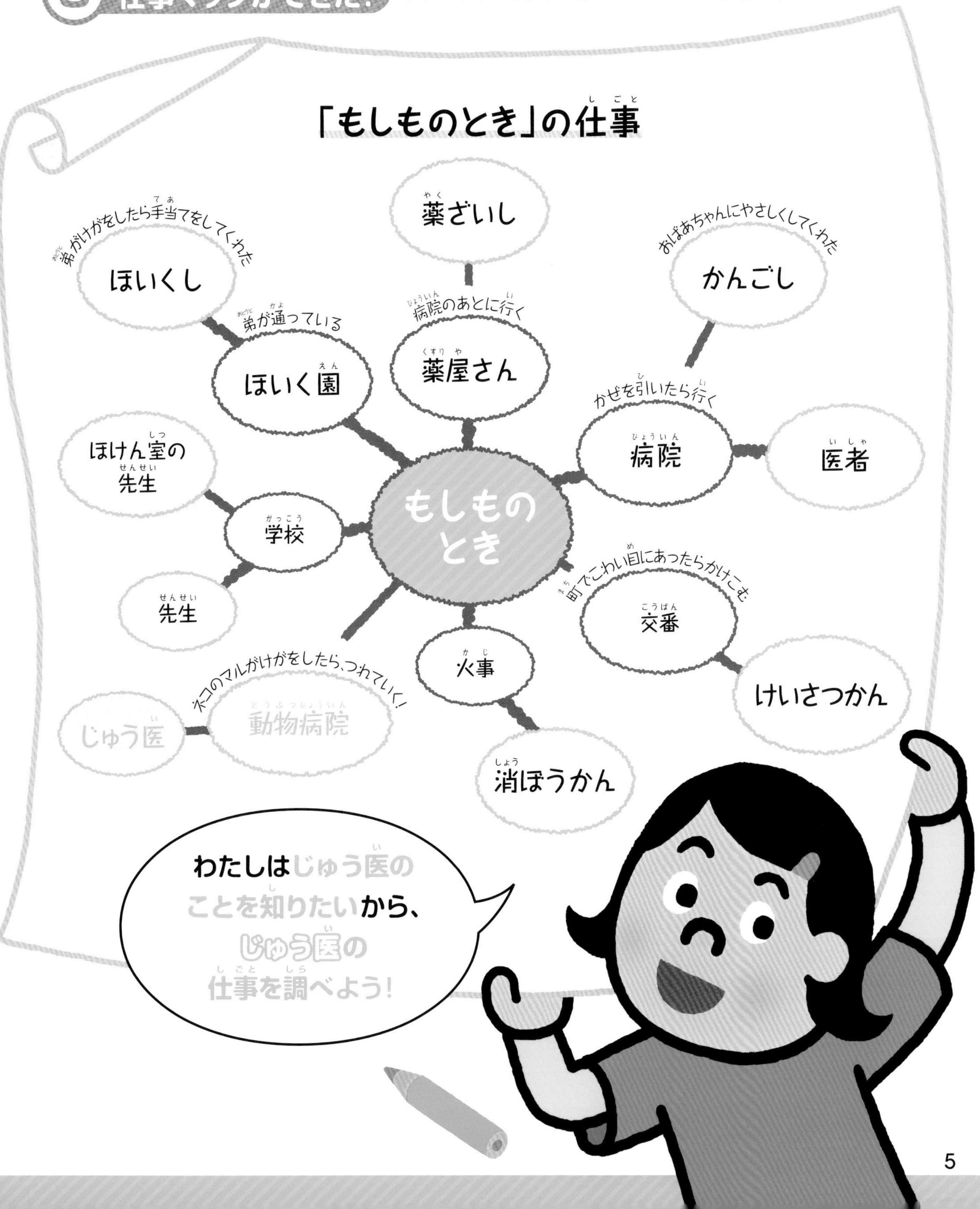

「もしものとき」の仕事

弟がけがをしたら手当てをしてくれた
ほいくし

薬ざいし

おばあちゃんにやさしくしてくれた
かんごし

弟が通っている
ほいく園

病院のあとに行く
薬屋さん

かぜを引いたら行く
病院

医者

ほけん室の
先生

学校

**もしもの
とき**

先生

町でこわい目にあったらかけこむ
交番

けいさつかん

ネコのマルがけがをしたら、つれていく！
じゅう医 **動物病院**

火事

消ぼうかん

わたしは**じゅう医の
ことを知りたい**から、
**じゅう医の
仕事を調べよう！**

かん者さんの病気やけがをなおすのが医者の仕事。
しんさつやちりょう、ときには手じゅつをするよ。
食事や運動について、かん者さんに指どうすることもあるんだ。

知りたいこと2

どうやって
調子の悪いところを
見つけるの?

えがおで
話しかけて
いるね!

この道具は
見たことが
あるよ!

知りたいこと3

しんさつで
何を使うのかな?

お荷物おき場

お荷物おき場

1 午前8:30
入院中のかん者さんの
体調を聞く

9:00
午前のしんさつ

午後1:00
入院中のかん者さんの
しんさつ

けんさする

2:30
午後のしんさつ

5:00
さいごのかん者さんの
しんさつをおえる

着がえておわり!

7

医者の くふうを教えてください

かん者さんへのくふう

知りたいこと1

かん者さんと 話すときに気を つけていることは **ありますか?**

人はきんちょうすると、うまく話せなくなるもの。できるだけリラックスして小さなことでも話してもらえるように、えがおで話しかけています。

みんなが えがおで話しかける

医者だけでなく、かんごしや受けつけのスタッフもえがおで声をかけることで、かん者さんが話しやすいようにする。

あまり食よくがなくて……。

どんなことでも 耳をかたむける

小さなつぶやきから大きな病気が見つかることもあるので、かん者さんの話を聞きのがさない。

しんさつの流れ を教えてください!

かん者さんに体の 調子を書いてもらう

チェック1

かん者さんから くわしく話を聞く

チェック2

体を見たり、ふれたりして じょうたいをかくにん

チェック1

体のどこがいたいのか、ちりょう中の病気がないかなどを書いてもらいます。

かん者さんの体調を知るためにひつようなんですね!

チェック2

かん者さんに体のいたむところなどをくわしく聞きます。どんなふうにいたむかもかくにんしています。

どうやって調子の悪いところを見つけるんですか?

かん者さんから聞いたことや、ふれた体のようすから見つけられることもありますが、それだけではわからないときはけんさをします。ほねや内ぞうなど、目に見えない体の中の悪いところを見つけるためには「レントゲン」などの専用のきかいを使います。

ワザのくふう

いろいろなしつ問をする

毎日の食事や今までにかかった病気など、細かく聞きだし、調子の悪さの原いんは何か見きわめる。

食事は?

ほかの病気は?

けんさけっかをかくにん

病気をぜったいに見落とさないように、かん者さんのけんさけっかは、画面に大きくうつし、何度もくりかえしかくにんする。

使うもののくふう

ちょうしんき

内ぞうが正しく動いているか、音の大きさや長さでわかる。

舌圧子

のどや口の中のようすを見るために、舌をおさえる道具。使いすてなので、せいけつ。

服

ケーシーとよばれる白衣。半そでで動きやすいのがとくちょう。

ちょうしんきはしんさつにかかせないので、首にかけている。

しんさつで何を使うのですか?

いつも首にかけているのは、ちょうしんきです。はだに当てて心ぞうや肺などの内ぞうの音をきく道具で、しんさつでよく使います。口の中やのどを見るときは、舌圧子がかかせませんね。

けんさをしてしんだんをする

カルテを書く

チェック3

ひつような薬を紙に書いてかんごしにわたす

お大事に!

「ズキズキ」「チクチク」など、いたみ方も聞くんですね!

チェック3

かん者さんのしんさつの記ろくを書きこんだものをカルテといいます。しんさつのときは、それをかならずかくにんします。

これまでにかかった病気や行ったちりょうがわかるんですね!

自分だけの
くふうを教えてください

もっと教えて！

かん者さんのけんこうを
まもるためのくふうを
教えてください！

病気は、医者だけではなおせません。かん者さんが自分の体や病気についてまず知ること、そして、けんこう的な生活をすることが大切です。そのために、病気のせつめいが書かれたパンフレットを用意したり、ひつような運動をつたえたりして、けんこうをまもるための知しきを、かん者さんが身につけられるようにしています。

病気やけんさのせつめいがのっているパンフレットは、かん者さんが取りやすい所におく。

待合室にあるモニターでも、ちりょうの仕方などをしょうかい。

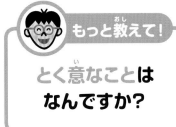
もっと教えて！

**とく意なことは
なんですか？**

わたしは、「画ぞうしんだん」がとく意です。画ぞうしんだんとは、体の中をカメラで写して見るけんさのことで、内しきょうけんさもその一つ。体をきずつけることもなく、病気を早く見つけられます。かん者さんのために身につけたいと思い、多くの写真を見て勉強してきました。

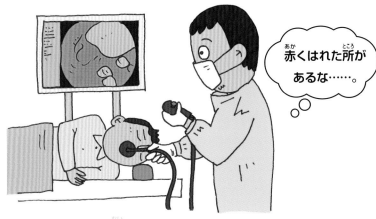
内しきょうけんさ

口や鼻からカメラを入れて、体の中をさつえいするけんさ。胃や腸の不調を早く発見できる。

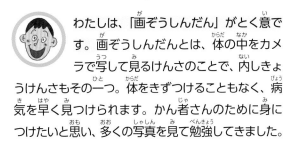

もっと教えて！

かん者さんがしんさつに
来やすくなるくふうは
ありますか？

病気の原いんをさぐるために、むねやお
しりを見なくてはいけないこともあります。
女性のかん者さんの中には、それがはず
かしくて、病院に来づらくなってしまう方も。そのた
め、いつもは父とわたしがしんさつをしますが、女性
の医者がしんさつする日もつくりました。女性のかん
者さんが少しでも来やすいようにしています。

もっと教えて！

医者として努力している
ことを教えてください！

病気をなおす第一歩はしんさつを受けるこ
と。かん者さんが気軽にしんさつに来て相
談でき、心のささえとなる医者になろうと
努力しています。そのためには、どんなしょうじょうの
かん者さんにもたいおうできないといけないので、いの
ちにかかわるような大きなけがや、重い病気をちりょう
する「救急病院」でもけいけんをつみました。

思ったこと・考えたこと

研究が進んで、ちりょうの仕方もど
んどん進歩しているらしいよ。だか
ら、専門の病院で見学したり、本を読
んだりして、勉強しているんだって。

かん者さんに、ふだんの生活のこ
とも聞くなんてびっくり！　ふだ
んの生活の中に病気を知る手がか
りがあることもあるんだね！

より新しく、よりくわしくけんさで
きるきかいを取りいれていたよ。正
かくなしんだんをするために、きかい
がとても役立っているんだね！

仕事ファイル 02

かんごし

知りたいことを
見つけよう！

教えてくれるのは
鎌田祐子さん

国立国際医療研究センター病院
で、主に入院かん者さん
をたん当。

ファイルが
たくさんあるね！

このカートは
なんだろう？

クリスマスの
置きものが
ある！

外国語で
書いてあるよ！

ひなんけいろ
Evacuation routes
疏散路線

知りたいこと1

パソコンは
何に使うのかな？

12

病気の人やけがをした人の手当てをしたり、
入院中の生活を手助けしたりするかんごし。
かん者さんのことを第一に考えたくふうがいっぱいあるよ。

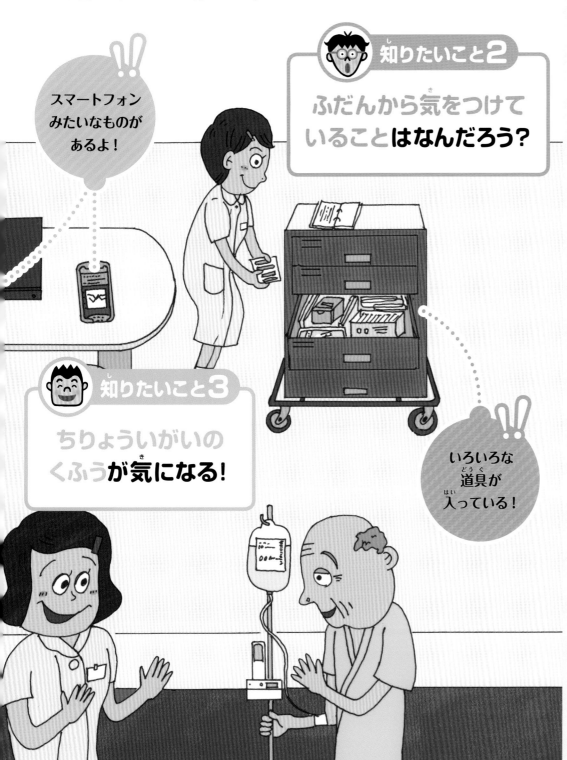

スマートフォン
みたいなものが
あるよ！

知りたいこと2

ふだんから気をつけて
いることはなんだろう？

知りたいこと3

ちりょういがいの
くふうが気になる！

いろいろな
道具が
入っている！

午前8:30
予定をかくにん

9:00
打ち合わせ

9:30
体温や血圧の
チェックなど

11:45
昼食

午後1:45
おふろの
お世話

4:30
夜きんたん当に
引きつぎ

着がえておわり！

かんごしの
くふうを教えてください

使うもののくふう

PCカート
かん者さんのデータをかんりするパソコンや、点てきのときに使う消どく薬などをのせられる。

ナースウォッチ
とくべつな目もりがついており、みゃくはくをかんたんにはかれる。

知りたいこと1

どんな道具を使いますか?

わたしの病院では、パソコンなどのきかいを使って「バイタルサイン」や使う薬を記ろくしています。「バイタルサイン」とは、かん者さんの体温、血圧などのこと。そのデータを見れば、すぐにかん者さんのようすをスタッフ全員が正かくに知ることができます。

けいたいたんまつ
「バイタルサイン」を記ろくしたり、かくにんしたりできる。

服
かん者さんに安心感をあたえるやさしい色。むねのポケットには名ふだをつける。

バイタルサインを記ろくする流れを教えてください!

入院かん者さんの部屋へ行く

かん者さんに声をかける

チェック1

体温をはかる

チェック2

チェック1

かならず、「〇〇させてくださいね」と声をかけて、目と目を合わせてから始めます。

さいしょに声をかけてもらえると、かん者さんは安心ですね!

チェック2

体温をはかりながら、体の向きがつらくないかなどもかくにん。

14

知りたいこと2

ふだんから
気をつけていることを
教えてください！

万が一の場合にそなえるのもかんごしの大事な仕事です。きん急のときに使う薬品などが入っている救急カートの点けんや、ひなんけいろが書かれた書るいのかんりにも気をつけています。

ワザのくふう

救急カートをチェック

点てきや注射器などの薬品や器具が足りているか、こまめに点けん。足りないものがあれば足しておく。

よしっ！

書るいのかんり

てい電にそなえて、パソコンにデータが入っていても書るいでのこす。ひなんけいろなどはすぐ取りだせるように、ファイルに入れて本だなのわかりやすい所へ。

かん者さんへのくふう

院内のかざりつけ

七夕の短ざくやクリスマスツリーなど、きせつに合わせた置きものを用意したり、かざりつけをしたりすることも。

海外の人も読めるポスター

外国人のかん者さんのために、ひなんルートなど大切なことは外国語でも書いてはりだしている。

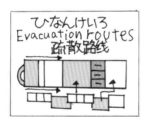

知りたいこと3

ちりょういがいの
くふうはありますか？

かん者さんの目に入る場所はきれいにかざりつけをして、見たときに明るいきもちになれるようにしています。また、外国人のかん者さんがこまらないように、ひつようなじょうほうは外国語でも書いていますよ。

血圧をはかる

ひつようがあれば
点てきを追加する

チェック3

はかったデータを
パソコンに入力する

何かあれば
言って
くださいね！

はかりながら、細かいところにまで気を配っているんですね！

チェック3

ふくろについたバーコードをけいたいたんまつで読みとり、追加する点てきが正しいかたしかめます。

これならまちがいをふせげますね。

自分だけの
くふうを教えてください

もっと教えて！

仕事で心がけていることを
教えてください！

病院では、いつも明るくふるまうことを心がけています。もしわたしがふきげんな顔をしていたら、かん者さんは具合が悪くても、つたえにくくなりますよね。かんごしどうしでも、かん者さんのようすなどで心配ごとやふあんなことをつたえあえないと、大きなミスにつながってしまいます。「ふきげんはさい大の災害」が、わたしたちの合いことばなんです。

このキャラクターがすきなの。

すてきなうちわですね！

ついでにやっておくね！

ありがとう！

もっと教えて！

いつも持っているもの
はありますか？

かん者さんにふれることが多い仕事なので、せいけつさにはとくに気をつけています。手についた悪い「きん」から病気が始まることも多いですからね。ポケットにつるせる消どくざいを持ちあるき、バイタルサインのかくにん前など、さっと手につけているんですよ。

もっと教えて！

声のかけ方に とくに気をつける ときはどんなとき ですか？

さい血や点てきは、かん者さんの血かんにはりをさすので、いたみもあるし、きんちょうもしますよね。だからいつも「チクッとしますよ」「少しがまんしてくださいね」などと声をかけて、かん者さんが少しでもリラックスできるようにしているんです。

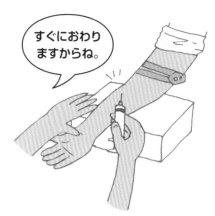

すぐにおわりますからね。

もっと教えて！

かん者さんのケアをするとき、 どんなことに気をつけていますか？

かん者さんが、病院にいても自分らしく生活できるように気をつけています。たとえば、かん者さんが病院でなくなってしまったときも、さいごまでその人らしくすごせるように、すきだった音楽を流したり、安らかな表情に見えるメイクをしてあげたりすることも。少しでも幸せなきもちになってもらえるようにお見送りしています。

思ったこと・考えたこと

かん者さんが心から元気になるように気を配っているんだって。すきなものを聞きだすなど、かん者さんをより深く知ろうとしていたよ。

どんどん進歩する道具やぎじゅつを知るために、休みの日も勉強しているそうだよ。勉強は学校をそつ業しておわりじゃないんだ！

たい院したかん者さんが会いにきてくれたり、手紙をくれたりすることもあるみたい。ていねいなケアのおかげで、きずなが深まったんだね。

じゅう医

知りたいことを
見つけよう!

教えてくれるのは
長 真帆さん

東京の動物病院「アニマルクリ
ニック・ピュア」ではたらく
じゅう医。

これは
何に使うの?

あしのほねが
うつっている!

ネコにも
話しかけて
いるね!

知りたいこと1

しんさつなどで
よく使うものは
なんだろう?

大切なペットのいのちをまもるじゅう医。
ことばを話せないペットが相手だからこそ、
かい主さんと話しあって、ていねいにちりょうしているよ。

手じゅつ室

このきかいは
なんだろう？

知りたいこと2

かい主さんにペットの
体のことをどうやって
つたえるの？

知りたいこと3

どんなふうに
ペットとふれあうの？

ネコがふくろに
入っているよ。
どうしてかな？

一日の流れ

1 午前8:30
入院中の
ペットのお世話

9:00
午前のしんさつ

午後1:00
具合の悪い
ペットの家でしんさつ

2:00
手じゅつ

4:00
午後のしんさつ

6:00
入院中のペットの
お世話

着がえておわり！

19

じゅう医の くふうを教えてください

使うもののくふう

知りたいこと1

しんさつなどで よく使うものを 教えてください！

ネコは、しんさつのとき は「ネコぶくろ」という 専用のふくろに入れてあ げると落ちついて、しんさつしやすく なるんです。ペットの体のじょうた いを、かい主さんにつたえるときは、 もけいを見せてわかりやすいように していますよ。

体のもけい

けがをしている場所やじょうたいなどを、か い主さんにわかりやすくつたえるために使う。

あしのかんせつ

耳

心ぞう

ネコぶくろ

犬とくらべて、ネコは動 きが速いので、にげな いように入れるふくろ。

動物用生体 じょうほうモニター

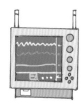
手じゅつのときに使う。 ペットの体温や心ぞう のようすなどがわかる。

服

ペットとふれあうため、 動きやすい服そう。上 の服は、よごれが落ち やすいそざいでできて いる。

しんさつが おわるまで を教えてください！

調子の悪い所を かくにんする

チェック1

体温や 体重をはかる

レントゲンをとるなどの けんさをする

チェック2

チェック1

かい主さんから、ペットの 体調や気になるようすにつ いてくわしく聞きだします。

ペットはことばを話せな いので、かい主さんの じょうほうは大切ですね。

チェック2

まずは原いんをさぐる ために、いろいろなけ んさをします。

知りたいこと2

かい主さんにどうやってペットの体のことをつたえていますか?

むずかしいことばでは、ペットの具合がかい主さんにつたわらず、ふあんにさせてしまいます。ほねや、心ぞうなどのぞうきをさつえいした「レントゲン」を見せたり、わかりやすい表現にかえたりしてつたえています。

かい主さんへのくふう

ここにあるクッションのようなものが……。

なるほど!

わかりやすくつたえる

レントゲンやもけいを使って、ペットの体のようすをせつめいする。また、むずかしいことばはわかりやすく言いかえるのもポイント。たとえば、「ついかん板」という体の部分は「ほねとほねの間にあるクッション」と言いかえる。

ワザのくふう

声かけとタッチ

動物に、「だいじょうぶだよ」などとやさしく声をかけて安心させる。正面から手を出すとびっくりするので、横からやさしくなでる。

こわいよ……。

こわくない!

知りたいこと3

どんなふうにペットとふれあいますか?

はじめて来るペットは、こわがってあばれたり、かみついたりすることもあります。だから、急にちりょうを始めず、まずはやさしく声をかけたり、ふれたりするように注意しています。

かい主さんにせつめいをする

ペットをこわがらせないようにしながら、けんさをするのは、たいへんそう!

ちりょうをする

チェック3

体調に合わせて、ひつようなえいようがとれるように、数しゅるいのえさを用意しています。

薬やえさをわたす

チェック3

食べるものにも気をつけているんですね。

早く元気になりますように!

21

自分だけの
くふうを教えてください

もっと教えて！

ちりょうの仕方は、どうやって決めていますか？

かい主さんにとって、ペットは家族と同じ。かい主さんが一番よいと思うちりょうの仕方をえらべるようにすることが大切です。いろいろなちりょうの仕方と、それぞれにかかるお金やなおるまでの期間をつたえて、かい主さんに決めてもらいます。

ちりょう①なら
来月に手じゅつ

ちりょう②なら
薬でちりょう

11月

おくすり

もっと教えて！

ちりょうによく使うきかいはありますか？

「オゾン発生き」というきかいです。このきかいから出るオゾンガスを、おしりに入れたチューブで体に流しこみます。血のめぐりをよくしたり、「きん」をなくしたりするこうかがあるといわれているので、ペットの元気な体づくりのために用意しています。

どんな病気やけがでも ちりょうできますか？

重い病気や大きなけがをしているペットは、わたしの動物病院のせつびでは、十分なちりょうができないこともあります。そんなときは、せつびが整っているほかの動物病院を、かい主さんにしょうかいして、よいちりょうを受けられるようにつないでいます。

仕事のとき、気をつけて いることはなんですか？

「きけんシミュレーション」といって、ペットの体がきけんなじょうたいになったときのことを、いつも想ぞうしながらちりょうしています。ほかのスタッフに相談して、薬をいくつか用意しておくなど、どんなじょうたいになってもたいおうできるようにじゅんびをしています。

しょうかいします！

この薬が合えば……　　もし薬が合わないと……

思ったこと・考えたこと

人は、体の部分によって病院が分かれているけど、ペットは分かれていないんだって！　だから、けんさに使うきかいをいろいろそろえているんだね。

かけがえのないいのちをまもって、かい主さんもえがおにすることが、じゅう医のねがいなんだって。ペットは大切な家族の一員だもんね。

入院中のペットのさんぽや食事の用意なども大切な仕事だそうだよ。動物病院の仕事はちりょうだけじゃないんだね。

23

ほいくし

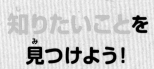

知りたいことを見つけよう!

教えてくれるのは
和田みずきさん

「鳩の森愛の詩 瀬谷保育園」で4さいじクラスをたん当するほいくし。

なぜ、写真をとっているの?

絵本はどうやってえらんでいるの?

何を書いているのかな?

知りたいこと1

よく使うものはなんだろう?

れんらく帳

小学生になる前の子どもたちのお世話をするほいく園。
ほいくしは、子どもたちがほいく園に楽しく通えるように、
ひつようなものを考えて用意したり、
話しあったりすることを大切にしているよ。

知りたいこと2

ほいくしたちは 何を 話しあって いるの かな?

ほいくしたちが 集まって、何か 話しているよ!

ほいくしも 子どもも ノリノリだ!

知りたいこと3

子どもと どうやって あそぶの?

午前8:00
子どもを むかえる

9:00
あそんでいる 子どもを見まもる

11:30
きゅう食のじゅんび

午後1:00
子どもをねかせて 日誌などを書く

2:00
打ち合わせ

4:00
家族に子どもを むかえにきてもらう

戸じまりをしておわり!

25

ほいくしの くふうを教えてください

使うもののくふう

知りたいこと1

よく使うものは なんですか？

子どもたちの大すきな絵本やシアターはかかせません。シアターは、ぬのをはったボードに人形をつけたり外したりして、お話を見せるものです。子どもたちのお気にいりのお話を用意して、きょうみを引くようにしています。

絵本
子どもの年れいや、そのときにきょうみをもっているものに合わせてえらんでいる。

シアター
人形を手づくりして、いろいろなお話をえんじられるようにしている。

楽器
歌をうたうときに、ピアノやリコーダー、ホルンなど、いろいろな音色の楽器を使う。

カメラ
子どものあそぶすがたなどを写真にとり、家族にほうこくできるようにしている。

服
子どもと全力であそぶので、動きやすい服そう。よごれてもいいように、着がえもかならず用意。

あそびの活動を行うまでを教えてください！

活動の内ようを考える

バッグをつくろう！

ほいくしどうしで話しあう

チェック1

ひつようなものを用意する

チェック1

子ども一人ひとりのことを考え、ひつような手助けなどについて意見を交かんします。

子どもたちみんなが楽しむためにひつようなことを考えるんですね。

チェック2

直前に、今の子どものきょうみと合っているかをもう一度見直します。

ほいくしどうしで何を 話しあうのですか？

子どもがひるねをしている間に集まって、その日の子どものようすや家族に知らせておきたいことなどをつたえあっています。また、園庭のきけんな所などもつたえあって、子どもが安全にすごせるようにみんなで気をつけていますよ。

子どもとその家族へのくふう

園庭マップにメモをはる

園庭でけがをしそうなきけんな所などを見つけたら、わすれないように紙に書いてはっておくことで、子どもの安全をまもる。

家族につたえる

子どもの家族が安心できるように、その日のようすをれんらく帳に書いたり、写真をはったりする。

ワザのくふう

子どもの考える力を育てる

子どもの「なぜ？」「もっと知りたい！」という想いを見のがさず、知りたいことについていっしょに調べたり、さんこうになるものを用意したりして、子どもの考える力を育てる。たとえば、子どもがドングリにきょうみをもっていたら、いろいろなドングリがのっている絵本などを用意する。

ドングリっていろいろな形があるんだね！

子どもとどうやって あそんでいますか？

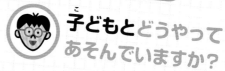

子どもと同じように、思いっきりあそびます。大人が本気で楽しむと、子どもものびのびとあそべるからです。あそんでいて、子どもがふしぎに思ったことは、いっしょに考えたり調べたりするのも大事。子どもの考える力を育てられるようにしています。

前日にもう一度 かくにんをする	子どもといっしょに バッグをつくる	活動のようすを ふりかえる	次の活動は 何をしようかな！
 チェック2		 チェック3	

きょうみに合ったあそびができると、子どもたちはうれしいですね。

チェック3

活動のよかったところや、よくなかったところを日誌というノートに書きだします。

ほかのほいくしが活動を考えるときも、さんこうにできますね。

27

自分だけの
くふうを教えてください

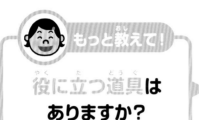
もっと教えて！

役に立つ道具はありますか？

わたしのほいく園では、ほいくしと子どもたちの家族がいっしょに園庭の遊具などをつくっています。そのとき役立つのが、インパクトドライバー！　ゆるんだ遊具のネジをしめるなど、子どもの安全をまもるためにも使いこなせるようにしています。

「遊具のネジを点けん」っていうメモがある！

インパクトドライバー
木にあなをあけたり、ネジをしめたりできる電動のドライバー。

もっと教えて！

子どもの家族へのくふうをもっと教えてください！

とくに行事がない日でも、お父さんやお母さんがすきなときにほいく園の活動にさんかできるようにしています。子どもの成長したところをいっしょに見つけてよろこびあい、子育てをみんなで楽しめるようにしているんです。

もっと教えて！

子どもに
よろこばれている
くふうはありますか？

そつ園する子どもたち一人ひとりに、ほいくしが歌をつくってプレゼントしています。その子のすてきなところを、かしにしているんですよ。大人になっても大切にしてくれていて、一生の思い出になっているようです！

おめでとう！

もっと教えて！

きゅう食で大切にしていることはありますか？

園内でつくったできたてのごはんを、木でできた食器にもりつけて食べることにしています。木は手ざわりがここちよく、ぬくもりもあるので、子どもたちが手に持ったときに、ほっと安心して食事をとれるんです。また、木の食器は1まい1まい木目がちがいます。子どもがそれに気づいて、身近なしぜんにきょうみをもってくれるといいなと思っています。

思ったこと・考えたこと

数やことばを学べるようなあそびも考えるらしいよ。あそんでいろいろな力が育つように用意しているなんてすごいね。

ほいく園で、子どもが何をして、どんなようすだったのかを、家族につたえるときは、写真を使うとつたわりやすくていいんだね！

子どもたちがより楽しくすごせるように、ほいくしの勉強会にもさんかしているんだって。子どものために、学んだことを生かしているんだね。

消ぼうかん

知りたいことを
見つけよう!

教えてくれるのは
藤長拓磨さん

横浜市の「泉消防署」につとめる
消ぼうかん。消ぼうかんに
なって9年。

??
地図に色が
ぬられている!
なんでだろう?

!!
あれ!? こんな
所にズボンと
くつがある!

知りたいこと 1

人のいのちをまもる
ためにどんなことを
しているのかな?

??
何を
しているの?

消火せん

火事などの災害が起きたときにいち早くかけつけて
火を消したり、人を助けたりする消ぼうかん。
みんなのいのちをまもるために、訓練をかかさないよ。

知りたいこと2
早く災害現場に行く ために していることは？

知りたいこと3
どんな服そうで 災害現場へ行くのかな？

消火の訓練かな？かっこいい！

せおっているのは、なんだろう？

こん色の服と銀色の服があるね！

一日の流れ

当番の日は
24時間はたらいて、
次の日の朝に交たい。
火事が起きれば
現場へ向かうよ。

1 午前8:30
引きつぎと
道具などの点けん

10:00
消火訓練

午後1:00
せつびの点けん

3:00
救助訓練

8:00
トレーニング

次の日
12:00
数時間ねむる

引きつぎしておわり！

31

消ぼうかんの
くふうを教えてください

人を助けるためのくふう

毎日の訓練

火を消す消火訓練や人を助ける救助訓練などを行い、1秒でも早くできるように、毎日くりかえし何度も訓練する。救助訓練では、人と同じぐらいの重さの人形を使って、本当に救出するときを想ぞうしながら行う。

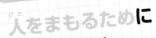

知りたいこと1

人をまもるために どんなことを していますか？

すばやく火を消す訓練はもちろん、災害現場から人を見つけて救出する訓練もしています。また、町中の消火用のせつびが使えるか、ふだんからかくにんをしています。

せつびの点けん

消火せんという消火用の水道が町のあちこちにおかれている。いざというときに水がきちんと出るか、消火せんをかくにんして、そなえている。

水が使えるかな？

出場までの流れ を教えてください！

指令センターに119番 通ほうが入る

チェック1

消ぼうしょに 出場指令が出る

チェック2

火事の起きた 場所をかくにん

チェック1

119番通ほうは、まず「指令センター」という所につながり、消ぼうしょへ出場指令が出ます。

通ほうを受ける専門の所があるんですね。

チェック2

出場指令が出ると、表示板が光り、消ぼうしょ中に聞こえる放送が流れます。

知りたいこと2

どうして早く災害現場に行けるのですか?

災害現場へ向かうことを「出場」といいます。指令が出たら、1分いないにじゅんびをして出場できるように訓練しています。いのちにかかわるので、1秒でも早くかけつけることを目指しています。

ワザのくふう

ぼう火服のじゅんび
ズボンとくつに足を一度に通せるようにして、すぐに着られる場所にじゅんびしておく。

道のかくにん
災害現場へすぐに行けるように、消ぼう車が通れる道は地図に色をぬっておく。工事中の道などもふだんからかくにんする。

使うもののくふう

活動服
出場していないときに着る服。

ぼう火服
出場するときに着る服。

「ぼう火ぼう」というぼうし。ほのおなどから、頭と首をまもる。

空気をおくる「空気ボンベ」と顔をまもる「面体」。これで、けむりの中でもこきゅうができる。

ぶあつく、ねつに強い「ぼう火手ぶくろ」。

ねつに強い「ぼう火ぐつ」。足をけがしないように、底とつま先に金ぞくの板が入っている。

知りたいこと3

どんな服そうで災害現場へ行くのですか?

出場するときは「そうび」として、ぼう火服を着て、「ぼう火ぼう」や空気ボンベなどを身につけます。ぼう火服は、ねつや水に強いじょうぶなそういでできているんですよ。

ぼう火服を着る

チェック3

出場する

災害現場で消火活動をする

消火かんりょう!

どこにいても聞こえる放送も、災害現場へ早く行くためのくふうですね!

チェック3

そうびは20キログラムもの重さですが、1分いないにじゅんびできるように何度も訓練します。

そうびもたくさんあるからたいへんですね!

33

自分だけの くふうを教えてください

もっと教えて！

消火や救出に使う道具のくふうはありますか？

消ぼう車には、水を出す消ぼうホースやドアなども切れるカッターなど、いろいろな道具をつんでいます。道具は取りだしやすいように整理して、きちんと使えるように毎日かならず点けんしていますよ。水を出す消ぼうホースは、長さが20メートルもあるので、災害現場ですばやくのばせるように、まいたり、おりたたんだりしてきれいにかたづけています。

前　　　　　　　後ろ

消ぼうホースの長さが足りないときは、消ぼうホースどうしをつないで長くできるように、たくさんつんでいる。

道具はそれぞれかたづける場所が決まっているから、使うときにすぐ用意できる。

もっと教えて！

火事が起きないようにどんなくふうをしていますか？

地いきや小学校のぼう災訓練にさんかしたり、消ぼうの道具を見てもらったりして消ぼうかんの仕事をみなさんにつたえています。火のもえひろがり方や、火を消すようすなどを実さいに見せて、みなさんに火事への注意をよびかけることも消ぼうかんの役わりです。

消ぼうかんにひつような ものはなんですか?

消ぼうかんは重いそうびを身につけたり、人をかついで助けたりするので、体力がないとつとまりません! 体力をつけることも大事な仕事の一つ。だから、消ぼうしょにあるトレーニング室で、ダンベルなどを使って毎日体をきたえています。

もっときたえて体力をつけるぞ!

早く出場するためのコツを教えてください!

いつ指令が来てもいいように、トイレは1分、シャワーは3分でおわらせることを心がけています。夜は、ねむる時間をずらして、当番の消ぼうかんのだれかが、かならず起きているようにしています。ねむっているときも、いつでも起きられるようにあさくねむっているんですよ。

ねむるときは活動服のまま。くつは、すぐにはける向きにおく。

思ったこと・考えたこと

みんなで声をかけ合いながら消火訓練をしていたよ。なかまとのコミュニケーションも大事なんだね。

ズボンとくつを一度にはけるようにじゅんびしているなんてびっくり! ぼくもためしにやってみようかな。

消ぼうしょには、病気やけがをした人の手当てをする「救急車」もあったよ。救急車にはどんな道具がつまれているのかな?

仕事ファイル06

けいさつかん

知りたいことを
見つけよう！

教えてくれるのは
前田幹久さん

千葉県我孫子市の交番ではたら
くけいさつかん。

何をして
いるのかな？

知りたいこと1

どんなものを
持っているのかな？

たくさんの
ポケットが
ついているね！

このケースには
何が入って
いるの？

町に住む人たちをまもるためにパトロールしたり、
じけんを起こした犯人をつかまえたりするけいさつかん。
その中でも交番ではたらくけいさつかんの
くふうをしょうかいするよ。

おばあさんに
何か聞いて
いるね。

みんな
何かを見せて
いるみたい！

この二人は
何をして
いるの？

知りたいこと2

どうやって
町をまもっているの？

知りたいこと3

けいさつしょで
何をするの？

一日の流れ

当番の日は24時間
はたらいて、次の日の
朝に交たいするよ。

1 午前8:30

けいさつしょで
持ちもの点けん

9:30

交番へ
行く

10:30

町をパトロール

午後1:00

交番で道あんない

2:30

地いきの人の
家をたずねる

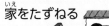

10:00

じこのたいおう

次の日の朝に
引きつぎしておわり！

37

けいさつかんの くふうを教えてください

使うもののくふう

知りたいこと1

どんなものを持っていますか?

犯人をつかまえるため、また町の安全をまもるためにひつような道具を持っています。せい服や、その上に着るベストには、いろいろな形のポケットや道具をしまえるベルトがあって、道具を持ちあるいたり取りだしたりするときにべんりなつくりになっています。

けいさつ手帳
自分がけいさつかんだと、しょうめいする手帳。

けんじゅう
犯人から、町の人たちや自分をまもるときに使う。ふだんはケースにしまっている。

手じょう
犯人をたいほするときに使う。

服

「活動服」とよばれるせい服。その上には、刃物から身をまもれるベストを着る。

落としものが持ち主にとどくまでを教えてください!

交番で落としものを受けとる

拾ったときのことを聞く

チェック1

パソコンに入力する

チェック2

チェック1

拾った人に、いつ、どこで拾ったのかなどを教えてもらいます。

「10時ごろ、駅のそばのコンビニ前」などとくわしく聞くんですね。

チェック2

落としものの大きさや、色、形などをくわしく入力します。

知りたいこと2

町をまもる ために
していることは
ありますか?

けいさつかんは交代で一日中はたらいています。町でじけんやじこが起きたとき、現場にかけつけて悪い人をつかまえるのはもちろん、じけんやじこが起こらないように、パトロール（見まわり）をしています。また、町で生活する人たちの家などをたずねています。

町に住む人へのくふう

パトロールする

町を歩いたり、パトカーで回ったりして、町のようすをチェック。あやしい人には声をかけて、何をしているのかかくにんする。

家をたずねる

町に住んでいる人に心配ごとはないか話を聞く。じけんやじこにあわないためのアドバイスをすることも。

ワザのくふう

持ちものを点けん

持ちものを一つずつ取りだして、わすれているものはないか、正しく使えるかを点けん。毎日かならず行う。

身をまもる練習

犯人にぼう力をふるわれそうになったときなど、いろいろな場面を考えて、身をまもる練習をする。

知りたいこと3

けいさつしょでは
何をしている のですか?

交番ではたらくけいさつかんはけいさつしょから交番へ行き、交番での仕事がおわるとけいさつしょにもどります。けいさつしょにいるときは、持ちものの点けんや、身をまもる練習をしています。

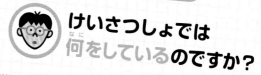

けいさつしょに運ぶ

どんな落としものか、くわしく記ろくするんですね。

けいさつしょであずかる

チェック3 落とした人から問いあわせがあったら、入力したデータと合っているかかくにんします。

問いあわせがあったらかくにんする

チェック3

さがしているものとあずかっているものが同じかをかくにんするんですね。

見つかった!

39

自分だけの くふうを教えてください

もっと教えて！

パトロールのとき、気をつけて いることはなんですか？

こまっているようすの人を見かけたら、かならず声をかけて話を聞きます。ただ、けいさつかんの前だときんちょうして話しにくくなる人もいます。だから、声をかけるときはえがおをわすれず、ていねいなことばを使って、相手が話しやすいように気をつけています。

何かこまっているのかな？

どうかされましたか？

お金をふりこめと電話が……。

じけんかもしれないぞ！

もっと教えて！

体力づくりはしていますか？

子どものころから剣道をやっていて、今でもけいさつしょの中で、けいこをつづけています。休みの日はランニングもしているんですよ。けいさつかんは、きけんなことに立ちむかわなければいけないだけでなく、どんなことにもたいおうできなければいけないので、体力づくりをがんばっています。

もっと教えて！

けいさつかんにひつような知しきはありますか？

けいさつかんとして毎日をすごしてきて、とくに大事だと思うのは、ほうりつの知しきです。ほうりつをまもらない人を注意したり、たいほしたりするので、ほうりつの知しきはかかせません。ほうりつは、ふえたり新しく変わったりするので、そのたびに学んでいます。

もっと教えて！

ふだんから気をつけていることはなんですか？

わたしは町に住む人たちから気軽に話しかけられるけいさつかんになりたいと思っています。みなさんから心配ごとやこまったことを教えてもらうことが、町の安全をまもることにつながるからです。そのためにも、わたしからせっきょく的にあいさつするなど、親しみをもってもらえるようにくふうしています。

おはよう！

おはようございます！

思ったこと・考えたこと

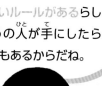

けいさつかんの持ちもののかんりにはきびしいルールがあるらしいよ。ふつうの人が手にしたらきけんなものもあるからだね。

お年よりのゆくえがわからなくなったとき、地いきのけいさつかんが力を合わせて見つけたんだって。
チームワークもすごいんだね！

悪い人をつかまえるだけでなく、悪いことが起きないように注意をはらうのもけいさつかんの仕事なんだね。

新聞みたいな
ほうこくする文章をつくろう!

ハルナさんは、「仕事のくふう」を見つけるために、じゅう医に話を聞いたよ。
聞いたことをみんなに正かくにつたえたいから、新聞にすることにしたんだって。

ステップ 1

動物病院を
見学したよ!

ハルナさんは、どんなところに注目したのかな?

ハルナの
メモ

しんさつやちりょうで使うもの

ネコぶくろ
ネコがにげないようにして
落ちつかせる専用のふくろ。

動物用生体じょうほうモニター
手じゅつでつかう。動物の体温や
心ぞうのようすがわかる。

オゾン発生き
血のめぐりをよくしたり、
「きん」をなくしたりすると
いわれるきかい。
元気な体づくりにおすすめ!

インタビュー
・ペットにとって
　一番いいちりょうをする。
・かい主さんとよく相談する。
・せつめいするときは、
　かんたんなことばに
　言いかえたり、もけいを
　使ったりする。

動物とのふれあい方
こわがらせないようにふれあうほうほう。
→やさしく声をかける。
　「だいじょうぶだよ」など。
→正面から手を出さない。
→横からやさしくさわる。

いろいろなことが
わかったよ!
みんなに全部、
正かくにつたえたいな

それなら、
新聞みたいに
まとめたらどう?

ステップ2

**新聞の
つくりを
知ろう**

新聞って、どんなふうに
書けばいいのかな。
子ども向けにつくられている
新聞を見て、ポイントをつかもう。

新聞って
こんなふうに
なってたんだ！

今回は、調べて
わかったことを、
主な記事にするよ！

記事

できごとをわかりやすく
正かくにつたえる文章。

写真や図

記事の文章をおぎなうた
めに入れる。文章ではつ
たわりにくい実さいのよ
うすや、細かいじょうほ
うをつたえられる。

コラム

かこみ記事ともいう。色
や線でスペースをかこん
で、小さな記事などをの
せる。

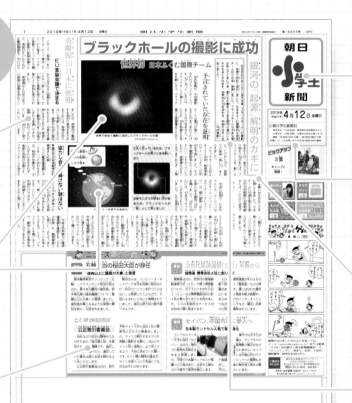

広告スペース

新聞の名前

その新聞らしさをつたえ
る、デザインされた文字。

発行日と発行者

いつ、だれが発行したも
のかわかるようにする。

見出し

記事のポイントが、ひと
目でわかる短い文章。大
きく目立つように書く。

リード

記事を短い文章でまとめ
たもの。ここを読めば、
大体の内ようがわかる。

記事 をわかりやすく書くコツ

●事実をわかりやすく書く！
大事なことが正かくにつたわるように、
事実と、思ったことや考えたことを
まぜずに書く。

●具体的につたえる！
「いつ、どこで、何を、なぜ、
どのように」を入れて書くと、
具体的なじょうほうをつたえられる。

新聞のいいところはココ！

① たくさんのじょうほうを、
わかりやすく整理してつたえられる！

② 一番つたえたいことが強調できる！

③ 見出しのつけ方をくふうして、
自分らしくまとめられる！

新聞に 書くことを 決めよう

見学した内ようをもとに、
記事にすることを決めよう。
見出しを考えて、ミニ新聞で整理するよ!

> 調べた理由や
> 調べ方は、記事①に
> 入れるよ。

① 内ようを 整理する

新聞に入れることを
書きだしてみよう。

調べたことと調べた理由

じゅう医の仕事を調べた。うちのネコが
動物病院へ行くとき、「じゅう医さんはど
うやってちりょうするのかな」と思った。

調べ方

しんさつのようすを見せてもらった。
図書館でじゅう医の仕事や、ネコの
かい方の本をかりた。

調べてわかったこと

わかったこと(1)

ネコがこわがらないように、
落ちつかせてあげていた。
→記事①

わかったこと(2)

かい主にいろいろせつめいしていた。
むずかしいことばを言いかえていた。
→記事②

わかったこと(3)

いろいろな病気やけがにそな
えてくれていた。
→記事③

考えたこと

じゅう医さんは、動物を大事に思ってくれていてよかっ
た。そして、かい主さんも安心させてあげていた。

> 考えたことは
> 記事①~③とはべつに
> 書いたほうがいいよね。

② 記事に見出しをつける

見出しは、記事の内ようをぱっと見てわかるようにつたえる大事
な文章。短くまとめよう。一番目立つ大見出しと、記事の頭につ
ける小見出しを分けると◎!

記事① でやってみた!

つたえたいこと

じゅう医さんは、
動物があばれす
ぎないようにや
さしく手当てし
ていた。

→

大小の2つにわける

大見出し:じゅう医
さんはやさしい

小見出し:じゅう医
さんは、動物にもや
さしく手当てする

→

リズムよくする

大見出し:じゅう医さ
んはやさしいニャー!

小見出し:動物にも
やさしく! じゅうい
医さんの手当て

③ ミニ新聞を つくる

どこに何をどれくらい書くか、
小さな紙に書いてみよう。

44

次はいよいよ新聞づくり!

ステップ2で知ったことや、ステップ3で整理したことを新聞にまとめてみよう。

このシリーズでは、さまざまなタイプのほうこくする文章の書き方をしょうかいしているよ。いろいろなまとめ方にチャレンジしてね！

令和2年 2月10日　　マルちゃん新聞　　第1号

じゅう医さんは、やさしいニャ

マルちゃん新聞
発行
令和02年2月10日
○×小学校
3年1組
大橋陽菜

動物にもやさしく！じゅう医さんの手当て

1月25日、アニマルクリニック・ピュアの長先生を取材した。うちのネコが行く病院で、どんな仕事のくふうがあるか、気になったからだ。また、図書館でネコのかい方も調べた。

長先生は、動物があばれたり、にげたりしないように、やさしく手当てする。さわるときは、横からやさしくなでていた。

ネコのちりょうには、専用のネコぶくろを使う。ネコの動きをおさえて、体温をはかったり、注しゃしたりする。

何に使うか聞いてみた！

動物用生体じょうほうモニター

手じゅつのときに、心ぞうの動きなどを調べる。

心ぞうのもけい

病気のせつめいをするときにかい主に見せる。

レントゲン

骨や内ぞうの写真を、すかしてとる。

何のための道具？

動物をちりょうするときは、かい主と相談して、ちりょうほうほうを決める。けがや病気のことをかい主にせつめいするときは、むずかしいことばをやさしく言いかえたり、もけいを使ったりするそうだ。かい主もよくわかり、安心するからだ。写真で、しんさつやちりょうに使うものをしょうかいする。

また、本でネコのかい方を調べると、生活習慣病ということばがあった。うちのネコも心配だ。生活習慣病は、運動したり、フードに気をつけたりすることでふせげるので、先生に相談しながら、じゅんびをしようと思った。

ちりょうでは、事前のじゅんびが大切だ。薬をいくつもそろえ、動物の体調に合わせたフードをわたす。長先生は、いつも動物のことを考えて、たくさんじゅんびをする。

犬とネコをしんさつする病院だよ

なんか落ちつくニャ♡

→ マルちゃん

ペットをまもる大事な「じゅんび」

話を聞いてみて

動物の命をまもるじゅう医さんは、動物のことをとても大事に思ってくれていた。動物の家ぞくの、かい主を安心させるためのくふうについても聞けて、おもしろかった。

見出しが目立っていて、読んでみたいと思った！

写真もたくさん使ったよ！

文章だけじゃわからないことも、写真といっしょだとよくわかるね。

新聞の名前はうちのネコの名前なの！

聞いた話だけじゃなくて、本で調べたことも書いたよ。

45

見学するときのマナー

見学に行くとき
役に立つね！

見学先の人に会うときに、知っておきたいマナーをしょうかいするよ。
おたがいにきもちよくすごせるように、気をつけてみよう。

身だしなみを整えよう！

・よごれた服
・くずれた着方
・どろだらけのくつ

・きれいな服
・きちんとした着方

ポイント！

病院やお店などは、きれいにそうじをしてあります。よごれをもちこまないようにせいけつな服そうで行きましょう。また、相手をいやなきもちにしないように、だらしない着方をしていないか、よくかくにんしましょう。

これでできた！

行く前に友だちどうしでチェックするといいね！

あいさつやおれいをしっかりしよう！

（ はじめに ）

おはようございます。●●小学校の山中悠真です。今日は、お仕事の話を聞きにきました。どうぞよろしくおねがいします！

きもちのいい、あいさつだな。今日はいろいろ教えてあげよう！

（ さいごに ）

今日はおいそがしい中、いろいろな話をしてくださって、ありがとうございました。

ポイント！

あいさつやおれいは、人と人とのきもちをつなぐ大事なことばだね。いっしょうけんめいなきもちがつたわれば、相手もいろいろな話をしてくれるよ。

これでできた！

相手ときもちが通じあえばいろいろな話ができるね。

はきはきと話そう！

どうしよう。はずかしくて何を聞けばいいのかわからなくなっちゃった。きんちょうして声が小さくなっちゃう。

あまり話さないけれど、何を聞きたいのかな？小さい声だとよく聞きとれないな。

聞きたいことをメモして行くと……

メモを見ながらなら、きんちょうしていても自しんをもって、はきはきとしつ問できたよ。

ポイント！

友だちやおうちの人などと、受けこたえの練習をしておくといいね。前もって見学へ行く仕事のことを調べて、しつ問したいことをメモして行くと、きんちょうしていても話せるよ。

これでできた！

前もって練習してはきはきと話そう！

さくいん

あ

医者 …………………………… 4〜8,10〜11

インパクトドライバー ………… 28

歌 ………………………………… 26,29

絵本 …………………………… 24,26〜27

園庭マップ ……………………… 27

か

外国語 ………………………… 12,15

火事 …………………… 4〜5,31〜32,34

画ぞうしんだん ………………… 10

楽器 ……………………………… 26

活動服 ………………………… 33,35,38

カメラ ………………………… 10,26

カルテ …………………………… 9

かんごし ……………… 5,8〜9,12〜15

きけんシミュレーション ……… 23

救急カート ……………………… 15

救急病院 ………………………… 11

きゅう食 ……………………… 25,29

空気ボンベ ……………………… 33

薬 …………………… 9,14,21〜23

訓練 …………………………… 31〜35

けいさつかん …………… 5,36〜41

けいさつしょ ………… 37,39〜40

けいさつ手帳 ………………… 38

けいたいたんまつ …………… 14〜15

血圧 …………………………… 13〜15

けんさ ……… 7,9〜11,20〜21,23

けんじゅう ……………………… 38

交番 …………………………… 36〜39

さ

災害現場 ……………………… 31〜34

シアター ………………………… 26

じけん ………………………… 37,39〜40

じこ ……………………………… 37,39

写真 ………… 10,24,26〜27,29,45

じゅう医
…… 4〜5,18〜20,23,42,44〜45

手じゅつ
…………………… 7,19〜20,22,42,45

出場 …………………………… 32〜33,35

消火せん ………………………… 32

消どくざい ……………………… 16

消ぼうかん …… 5,30〜32,34〜35

消ぼう車 ……………………… 33〜34

消ぼうホース …………………… 34

指令センター …………………… 32

しんさつ
…………… 7〜9,11,18〜20,42,44〜45

新聞 …………………………… 42〜45

舌圧子 …………………………… 9

た

体温 ………… 13〜14,20,42,45

体力 …………………………… 35,40

ちょうしんき …………………… 9

ちりょう ……… 7〜11,13,15,19,
21〜23,42,44〜45

データ ………………… 14〜15,39

手じょう ………………………… 38

点てき ………………… 14〜15,17

動物病院 …… 18,23,42,44〜45

動物用生体じょうほうモニター
…………………………… 20,42,45

な

ナースウォッチ ………………… 14

内しきょうけんさ ……………… 10

日誌 …………………………… 25,27

ネコぶくろ …………… 20,42,45

は

バイタルサイン ……………… 14,16

白衣 ……………………………… 9

パソコン ……… 12,14〜15,38〜39

パトロール …………… 37,39〜40

パンフレット …………………… 10

PCカート ……………………… 14

病院 …… 4〜5,11,14,16〜17,23

ペット ………………… 19〜23,42

ほいく園 ……… 5,25,28〜29

ほいくし …………… 5,24〜29

ぼう火ぐつ ……………………… 33

ぼう火手ぶくろ ……………… 33

ぼう火服 ………………………… 33

ぼう火ぼう ……………………… 33

ほうりつ ………………………… 41

ま

メイク …………………………… 17

面体 ……………………………… 33

もけい ………… 20〜21,42,45

ら

レントゲン ………… 9,20〜21,45

れんらく帳 ……………………… 27

監修 岡田博元（おかだひろもと）
（お茶の水女子大学附属小学校）

千葉県生まれ。文教大学教育学部初等教育課程、埼玉大学大学院教育学研究科を修了。専門は国語科教育学、臨床教育学。国語教科書編集委員（光村図書）。

イラスト	大西 洋
イラスト協力	深蔵
キャラクターイラスト	仲田まりこ
デザイン	山﨑まりな (chocolate.)
編　集	西野 泉、豊島杏実、久保緋菜乃、戸辺千裕、木村舞美（ウィル）、平山祐子、小園まさみ
校　正	文字工房燦光
取材協力	道躰クリニック梶原、国立国際医療研究センター病院、アニマルクリニック・ピュア、鳩の森愛の詩 瀬谷保育園、横浜市消防局 泉消防署、千葉県警察 我孫子警察署
資料提供	株式会社朝日学生新聞社

＊この本のイラストは、実さいの店やしせつのようすと、ちがう場合があります。

調べてまとめる! 仕事のくふう③

医者・じゅう医・消ぼうかんなど　いのちをまもる仕事

発　行	2020年4月　第1刷 2023年11月　第2刷
監　修	岡田博元 (お茶の水女子大学附属小学校)
発行者	千葉 均
編　集	片岡陽子
発行所	株式会社ポプラ社 〒102-8519　東京都千代田区麹町4-2-6 ホームページ　www.poplar.co.jp
印刷・製本	図書印刷株式会社

ISBN 978-4-591-165393-3　N.D.C.375　47p　27cm　Printed in Japan

調べてまとめる！

仕事のくふう

全5巻

監修：岡田博元（お茶の水女子大学附属小学校）

1巻 スーパー・パン屋さん・花屋さん など
商店がいのお店の仕事　N.D.C. 375

2巻 パティシエ・えいようし・農家 など
食べものをつくる・売る仕事　N.D.C. 375

3巻 医者・じゅう医・消ぼうかん など
いのちをまもる仕事　N.D.C. 375

4巻 ホテルスタッフ・美ようし・洋服屋さん など
楽しいくらしをつくる仕事　N.D.C. 375

5巻 バス運転し・大工・電気工事作業員 など
くらしをべんりにする仕事　N.D.C. 375

小学校低学年～中学年向き
各 47 ページ
AB 判　オールカラー

図書館用特別堅牢製本図書